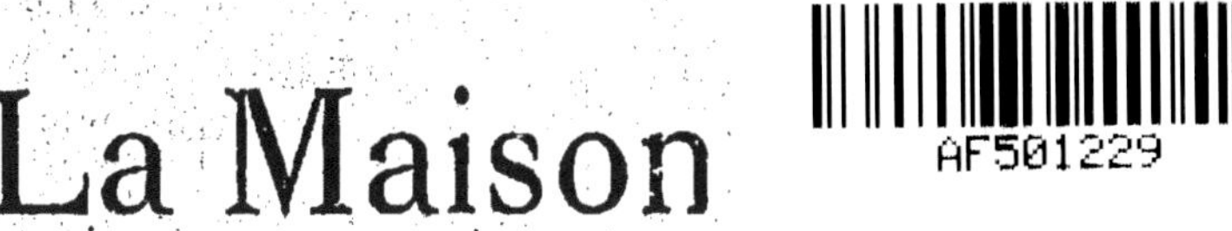

La Maison Départementale de Nanterre

Notice Générale

PUBLIÉE SOUS LES AUSPICES

DE M. LÉPINE, PRÉFET DE POLICE

PAR

Victor MOULINET
INSPECTEUR DE LA MAISON DÉPARTEMENTALE

PARIS
V. GIARD & E. BRIÈRE
Libraires-Éditeurs
16, RUE SOUFFLOT, 16

1900

LA

MAISON DÉPARTEMENTALE

DE

Nanterre

NOTICE GÉNÉRALE

La Maison Départementale de Nanterre

Notice Générale

PUBLIÉE SOUS LES AUSPICES

DE M. LÉPINE, PRÉFET DE POLICE

PAR

Victor MOULINET

INSPECTEUR DE LA MAISON DÉPARTEMENTALE

PARIS

V. GIARD & E. BRIÈRE

Libraires-Éditeurs

16, RUE SOUFFLOT, 16

—

1900

Fondation

La Maison départementale de Nanterre, dont l'ouverture remonte au 1er juin 1887, est située à Nanterre, avenue de la République, n° 75, sur la partie extrême du territoire de la commune de Nanterre qui avoisine celle de Colombes, à 1500 mètres environ de la gare de la Garenne-Bezons, sur la ligne de Paris à Saint-Germain.

Ce vaste établissement, construit par l'architecte Hermant, sur une superficie de douze hectares de terrain (120.000 mètres carrés), est spécialement affecté aux mendiants libérés de peines correctionnelles et aux indigents des deux sexes, de tout âge, avec ou sans antécédents judiciaires.

L'administration de cette maison, fondée par le Conseil Général de la Seine, relève des attributions du Préfet de Police. La construction et l'entretien des bâtiments sont du ressort du Préfet de la Seine.

Description générale des bâtiments

On pénètre dans cet établissement par une double porte à arcades massives, flanquée de deux pavillons dans lesquels sont installés le logement du concierge et des logements de surveillants et de surveillantes.

Au fond de la cour d'entrée, dite : *cour d'honneur*, se trouve le bâtiment d'administration, dont le rez-de-chaussée comprend tout le service des bureaux : cabinets du directeur et de l'inspecteur, greffe, bibliothèque, archives, bureaux du brigadier et de la surveillante en chef, parloirs, salles d'attente, etc.

Le premier, le second et le troisième étage sont disposés en appartements et logements pour une partie du personnel.

A droite de la cour, s'élève un bâtiment carré, dit : *bâtiment de la lingerie ;* plus loin, dans le prolongement de ce bâtiment, sont les remises et écuries, le vestiaire des hospitalisés, la buanderie, le magasin et l'étuve à désinfection à vapeur sous pression du système Geneste et Herscher.

A gauche, est un bâtiment en tout semblable à celui de la lingerie ; *Bâtiment des cuisines, de la meunerie et la boulangerie.*

PLAN
de la
MAISON DEPARTEMENTALE
DE NANTERRE

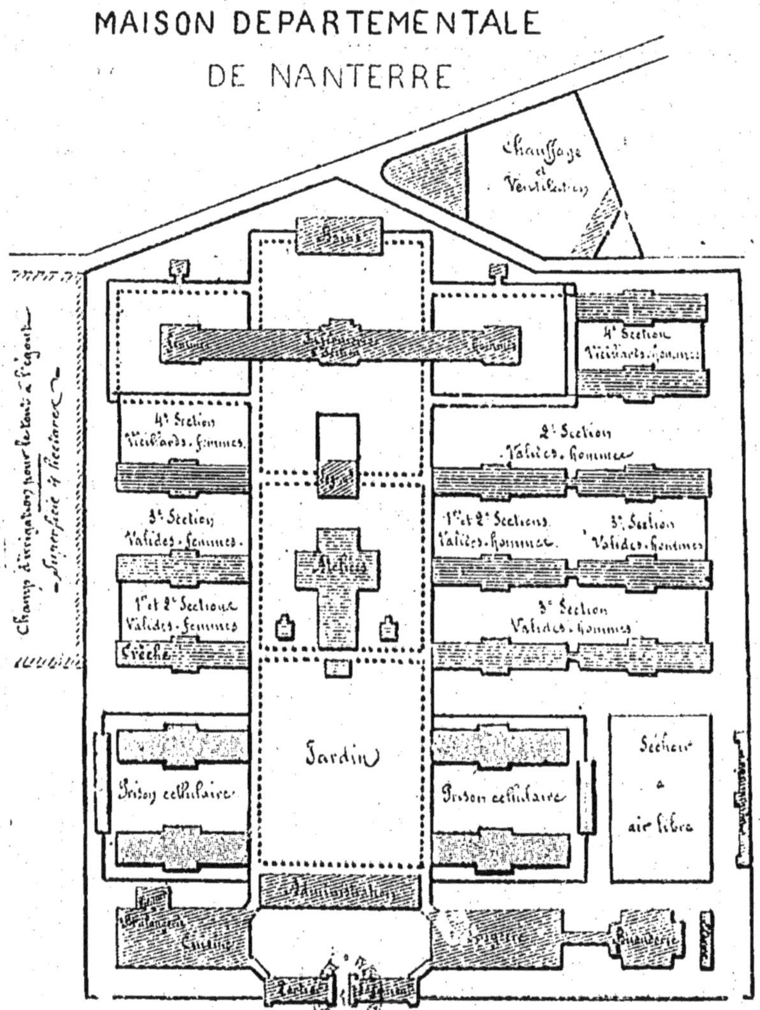

Nota. — Les locaux teintés ▬ sont affectés aux logements et ateliers des Hospitalisés
Les locaux teintés ▨ sont ceux des divers services de la Maison
Les locaux teintés ░ constituent la Prison cellulaire.

Ces deux édifices sont surmontés de deux étages appropriés pour servir de logements aux employés.

Après avoir traversé le bâtiment d'administration, on accède à une galerie portique en forme de parallélogramme très allongé. Cette galerie, dont les colonnes blanches sont dans une enfilade régulière de près de 400 mètres de côté, suit la ligne des bâtiments qu'elle occupe à leur extrémité, pour se continuer et revenir à son point de départ.

Elle renferme un grand terrain sur lequel se dresse, tout d'abord, une chapelle inachevée (1), transformée en ateliers; à sa droite et à sa gauche deux oratoires, l'un protestant, l'autre israélite; celui de droite, servant de cantine, et celui de gauche, d'atelier. Derrière cette chapelle est construite une habitation à deux étages, où seize surveillantes sont logées.

Le terrain, dessiné en jardin à la française, est planté de gazon, de fleurs, d'arbustes et d'arbres variés qui donnent une physionomie riante à l'intérieur de cette maison dont l'aspect extérieur paraît plutôt sévère.

---

(1) Dans sa séance du 13 décembre 1899, le Conseil Général de la Seine a décidé que les constructions inachevées de cette chapelle seraient, à bref délai, démolies pour faire place à un corps de bâtiments destiné à grouper tous les réfectoires et les ateliers de la Maison qui seront convertis en dortoirs pouvant contenir 500 nouveaux lits.

Plus loin, apparaît *l'infirmerie*, bâtiment superbe, d'une architecture très soignée, dont le rez-de-chaussée est agencé en vue des services de chirurgie (hommes et femmes), de la pharmacie, des salles d'opérations, de consultations, lingerie annexe, cabinets de médecins, chambres d'internes, etc. Le premier et le second étages, réservés aux services de médecine, sont accessibles par trois grands escaliers magnifiquement ouvragés. Des cloisons, en vieux chêne sculpté, forment les couloirs intérieurs et la division des salles.

On aborde ensuite un édifice isolé, dit : *bâtiment des bains*, séparé en deux parties bien distinctes, l'une pour les hommes et l'autre pour les femmes.

Revenant au point de départ, sur la galerie portique, elle-même, on trouve en bordure extérieure, côté Est, d'abord, trois pavillons doubles se composant chacun d'ateliers au rez-de-chaussée et de quatre dortoirs au premier étage, avec lavabos, cabinets d'aisances, chambres de garde et d'isolement sur les deux paliers.

Deux grandes cours, plantées d'arbres et de fleurs, avec préaux couverts au fond, bornes-fontaines au milieu et cabinets d'aisances à l'autre extrémité, séparent ces trois pavillons entre eux.

Cet ensemble de constructions forme le quartier des hommes valides.

Cour du bâtiment des Surveillantes

Plus loin, est une longue galerie qui longe la cour de l'infirmerie réservée aux hommes et donne accès à deux pavillons contenant huit grandes salles réservées aux vieillards, infirmes et impotents (hommes).

Sur la galerie opposée, côté Ouest, se trouvent également en bordure trois pavillons simples avec cours, jardins, préaux, etc., aménagés de la même façon que ceux indiqués ci-dessus. Deux de ces pavillons forment le quartier des femmes valides, et l'autre, celui des femmes vieilles, infirmes et impotentes.

Les bâtiments, dans leur ensemble, reposent sur de véritables substructions auxquelles on peut aboutir de tous les points de l'établissement.

Entre le mur d'enceinte et ces mêmes bâtiments existe un chemin de ronde sur lequel se trouvent branchées des routes extérieures permettant aux voitures d'accéder jusqu'aux galeries portiques.

Dans le chemin de ronde, côté Est, en face du terrain dit : *Séchoir à air libre*, a été construit un bâtiment composé d'un rez-de-chaussée et d'un étage, mesurant 66 mètres de longueur sur 5 mètres de largeur, dans lequel douze logements ont été aménagés pour le personnel de surveillance.

Enfin, si, après avoir laissé à droite et à gauche du bâtiment des bains, deux tourelles dénommées : *morgues et salles d'autopsie des hommes et des femmes*, on sort de l'établissement par une petite porte pratiquée en sous-sol dans le dépôt mortuaire, côté Ouest, une usine, dite : *de chauffage et de ventilation* (système Geneste et Herscher) s'offre à la vue et étonne par le nombre et la dimension de ses appareils de toutes sortes.

Dans les dépendances de la Maison départementale, se trouvent un terrain d'une superficie de quatre hectares, pour l'utilisation des eaux d'égout et un *cimetière* de plus de deux hectares pour la population hospitalière.

C'est à dessein qu'il n'est pas question dans cette notice de quatre bâtiments cellulaires construits suivant le système de Philadelphie, pour l'emprisonnement individuel de condamnées correctionnelles, en vue de l'application de la loi du 5 juin 1875, le présent travail ayant pour unique but de renseigner le lecteur sur l'organisation de la Maison départementale, proprement dite, sans toucher à la question pénitentiaire.

Ces quartiers, qui constituent une prison d'Etat, au milieu de bâtiments et de services départementaux, sont isolés par un mur d'enceinte particulier, et desservis par deux portes d'entrée spéciales.

Organisation et fonctionnement des divers services

COMPOSITION DU PERSONNEL

1 Directeur.
1 Inspecteur.
1 Régisseur-Comptable.
4 Commis aux écritures.
2 Médecins.
1 — d° — Adjoint.
1 Médecin-chirurgien.
1 — d° — Adjoint
1 Dentiste.
1 Pharmacien.
1 Infirmier-pharmacien.
4 Internes titulaires en médecine et chirurgie.
4 Internes provisoires en médecine et chirurgie.
2 Internes en pharmacie.
1 Brigadier.
3 Sous-brigadiers.
1 Sous-brigadier vaguemestre et garde-magasin.
29 Surveillants.
1 Surveillante en chef.
1 Première surveillante.
4 Surveillantes d'infirmerie.
16 Surveillantes ordinaires.
1 Lingère.
1 Lingère-adjointe.
2 Aides-lingères.
1 Portier.

Tout ce personnel, sauf les médecins, le chirurgien, le dentiste, le pharmacien et les quatre internes provisoires en médecine et en chirurgie, est logé dans l'établissement.

Le Directeur administre la Maison départementale, sous l'autorité du Préfet de Police; il dirige tous les services.

L'Inspecteur exerce, dans l'intérieur de l'établissement, une surveillance et un contrôle permanent qui portent, à la fois, sur les questions de discipline, de travaux industriels et d'ordre économique ; il fait au directeur des rapports journaliers à la suite de toutes ses constatations et le remplace dans toutes ses attributions lorsqu'il est absent ou empêché.

Le Régisseur-comptable est spécialement chargé des recettes et des dépenses, des écritures de comptabilité de toutes sortes, du paiement des produits de travaux, de l'encaissement et du remboursement des dépôts d'argent des hospitalisés, du registre des valeurs et bijoux et de toutes les communications avec les fournisseurs et entrepreneurs habituels de l'établissement.

Les Commis aux écritures se partagent les écritures du greffe, qui consistent dans l'inscription des entrées et des sorties des hospitalisés, expédition de la correspondance administrative, situatuations journalières, feuilles des travaux, feuilles de vivres, feuilles de mouvement, répartition de la population, statistique, etc.

Les Médecins et le Chirurgien visitent journellement tous les malades de l'infirmerie placés dans leur service respectif. Ils sont aidés, tous les matins, par *les Internes*, qui les suppléent au besoin et dont l'un d'eux est de garde, chaque jour, dans la Maison.

Le Dentiste fait dans l'établissement quatre visites mensuelles..

Le Pharmacien, l'Infirmier-pharmacien et les deux internes préparent les médicaments et en assurent la distribution régulière dans l'infirmerie et dans les salles de vieillards.

Le Brigadier et la Surveillante en chef commandent le service de surveillance intérieure, l'un dans les quartiers des hommes, et l'autre dans les quartiers des femmes, et s'assurent de l'exécution régulière de toutes les consignes. Ils répondent devant l'inspecteur, d'abord, et le directeur, ensuite, de la discipline et de l'ordre dans la Maison.

Les Sous-brigadiers et la Première Surveillante collaborent avec leurs chefs immédiats à la surveillance générale, et dépendent hiérarchiquement de ces derniers.

Le Sous-brigadier vaguemestre et garde-magasin a une double charge. Il touche, à la poste, les mandats adressés aux pensionnaires de l'établissement, et il est, en outre, chargé de la garde et la conservation du matériel, du mobilier et de la literie de la Maison.

Les Surveillants et les Surveillantes sont répartis dans toutes les localités de l'établissement pour y maintenir l'ordre, la tranquillité, l'application au travail, et veiller aux soins de propreté et d'hygiène.

La Lingère, avec le concours de la *Lingère-adjointe* et les deux *Aides-lingères*, est chargée de la coupe, de la confection, de la garde et de l'entretien du linge et des vêtements à l'usage de la population, ainsi que de la confection des uniformes des surveillants et des surveillantes.

Le Portier a la surveillance de l'entrée principale de la Maison ; il est responsable de tous les mouvements de marchandises et de personnes.

La porte s'ouvre à six heures du matin, en été, et à sept heures, en hiver ; elle est fermée tous les soirs à dix heures et demie, sauf pour les employés qui ont obtenu, du directeur, la permission de rentrer plus tard.

Surveillant

Service des auxiliaires

Pour assurer économiquement les nombreux services généraux de la Maison départementale, des hospitalisés dénommés : *Auxiliaires*, auxquels un modeste salaire est alloué, sont désignés par l'administration pour remplir les emplois suivants :

Services	Nombre	Emplois
	Hommes	
Infirmerie	46	Panseurs, infirmiers, tisaniers.
Dortoirs	23	Prévôts.
Magasin et lingerie. . .	2	Hommes de peine.
Eclairage.	1	Gazier.
Désinfection et bains . .	6	Auxiliaires et baigneurs.
Bibliothèque.	1	Bibliothécaire.
Cimetière.	1	Fossoyeur.
Propreté	13	Auxiliaires.
Routes et jardins . . .	8	Cantonniers, jardiniers.
Barbiers	9	Barbiers.
Services divers	14	Auxiliaires.
	Femmes	
Infirmerie	29	Panseurs infirmiers.
Vestiaire	1	Auxiliaire.
Dortoirs	9	Prévôtes.
Bains	1	Baigneuse.
Propreté	7	Auxiliaires.

Catégories Administratives

ENTRÉES ET ADMISSIONS
PERMISSIONS — SORTIES — VISITES

La population de la Maison est divisée en cinq sections bien distinctes, de la manière suivante :

1re *Section*

Mendiants libérés envoyés, d'office, dans l'établissement par mesure administrative, pour un mois, après avoir subi leur peine dans une prison du département de la Seine.

2e *Section*

Individus ayant des antécédents judiciaires, admis sur leur demande en hospitalisation.

3° *Section*

Cette catégorie comprend les hospitalisés sans antécédents judiciaires, admis dans les mêmes conditions que ceux de la 2e section.

4° *Section*

Cette section n'est composée que de vieillards âgés de 70 ans et au-dessus et d'infirmes ou impotents incapables de se livrer à aucun travail.

5e *Section* (Infirmerie)

Sont envoyés dans cette section :

1° Les malades de toutes les sections ;

2° Les malades du dehors, qui se présentent munis d'un certificat de médecin établissant l'urgence des soins à donner, et d'un bulletin d'indigence délivré par les maires des communes du départements de la Seine ;

3° Les femmes enceintes indigentes, habitant les localités environnantes, arrivées au terme de leur grossesse ;

4° Les nourrices, sans asile, accompagnées de leurs enfants. Ces derniers sont reçus jusqu'à l'âge de trois ans ;

5° Les blessés accidentellement sur la voie publique, ou dans les usines et établissements avoisinant la Maison.

Entrées et Admissions

Les entrées dans la Maison départementale ont lieu de deux manières; les unes sont faites au moyen des voitures administratives qui amènent, tous les matins, les individus des deux sexes recueillis au Dépôt, près la Préfecture de Police ; les autres s'effectuent individuellement et librement sur présentation d'ordres émanant de M. le Préfet de Police, ou de lettres d'introductions délivrées par les maires du département de la Seine, dans les conditions indiquées plus haut.

Dès leur arrivée, tous les individus (sauf les blessés et les malades qu'on transporte immédiatement dans l'infirmerie) sont déposés ou conduits dans le bâtiment des bains, où ils reçoivent une ablution hygiénique, après laquelle ils sont revêtus du linge et du costume de l'établissement ; leurs effets sont aussitôt inventoriés et catalogués sur un registre spécial, mis en paquets et portés à l'étuve de désinfection, d'où ils ne reviennent que pour être placés dans un magasin spécialement aménagé à cet effet, après avoir été raccommodés.

Pendant le cours de ces différentes opérations, l'interne en médecine de service visite les arrivants, constate leur état physique et prescrit l'envoi à l'infirmerie de ceux qui ont besoin de soins. Les valides sont dirigés sur le greffe, qui reçoit leurs déclarations et enregistre la date des entrées. Ils sont ensuite soumis à l'examen de l'inspecteur qui les classe, selon leurs aptitudes, dans les différents ateliers de la Maison.

Les mendiants libérés formant la 1re section et les hospitalisés volontaires à antécédents judiciaires, formant la 2e section, sont placés dans des quartiers communs; les hospitalisés de la 3e section, ceux de la 4e section et enfin les malades de la 5e section, sont dans des bâtiments spéciaux séparés des précédents.

Permissions

Tous les individus hospitalisés volontairement peuvent, sur demande faite au directeur, obtenir des permissions de un ou plusieurs jours.

Ceux appartenant aux 3e et 4e sections, ont, seuls, le droit de sortir en permission de la journée avec les effets de la Maison. Au delà d'un jour, ils sortent avec leurs vêtements personnels.

Des sorties en permission sont accordées individuellement, et chaque jour, à tous les hospitalisés valides des 2e et 3e sections, qui en font la demande, dans le but de chercher du travail au dehors.

Quant aux vieillards de la 4e section, des permissions individuelles leur sont également accordées, quand ils le désirent, en dehors des sorties régulières qui ont lieu le jeudi et le dimanche de chaque semaine.

Les rentrées de permission ont lieu à six heures du soir en hiver et à sept heures en été.

Sorties définitives

Dès qu'un hospitalisé admis dans la Maison en 2e, 3e ou 4e section manifeste le désir de quitter l'établissement, il est immédiatement fait droit à sa demande.

Visites

Les parents ou amis des hospitalisés sont autorisés à les visiter deux fois par semaine, le jeudi et

Hospitalisées (4e section)

le dimanche, de onze heures et demie à trois heures de l'après-midi.

Pour les malades et les vieillards, les visites ont lieu sur place, c'est-à-dire, dans les bâtiments occupés par eux.

Quant aux valides, ils se rendent directement dans les parloirs, où les attendent les personnes qui les ont fait demander.

Emploi du temps

Dans l'établissement, les journées se passent d'une manière très uniforme, soit chez les hommes, soit chez les femmes ; chaque jour amène les mêmes habitudes et les mêmes services. Il est donc très facile de suivre la marche ordinaire des choses, en prenant connaissance de l'emploi d'une journée.

En hiver, le lever des hospitalisés valides, des deux sexes, a lieu à sept heures du matin ; en été, il a lieu à six heures.

Les hospitalisés valides ont une demi-heure pour procéder aux soins de leur toilette et se promener dans les cours. Les portes des dortoirs restent ouvertes pendant ce temps et les lavabos deviennent, pour tous, librement accessibles. Ensuite, ils se rendent dans les ateliers où ils travaillent jusqu'à neuf heures.

A ce moment la cloche sonne pour le premier repas; tous les hospitalisés des 1re, 2e, et 3e sections se réunissent immédiatement dans les réfectoires, où chacun a sa place déterminée.

Une demi-heure après, c'est-à-dire, lorsque le repas est terminé, les hospitalisés se rendent sur les cours et dans les préaux, où ils restent jusqu'à dix heures.

Aussitôt après, a lieu la reprise du travail qui se continue jusqu'à trois heures.

De trois heures à trois heures et demie, est servi le deuxième repas ; de trois heures et demie à quatre heures, récréations et promenade sur les préaux.

Enfin à quatre heures, nouvelle et dernière rentrée dans les ateliers jusqu'à sept heures du soir.

En hiver, la montée dans les dortoirs s'effectue dès la sortie des ateliers.

Pendant la belle saison, les hospitalisés ont accès sur les cours jusqu'à la tombée de la nuit.

Quand toute la population est rentrée dans les dortoirs, un appel nominal est fait par chaque surveillant du bâtiment, pour constituer l'effectif total au moment de la fermeture.

Chaque dortoir contient un nombre de quatre-vingts à cent lits, selon la saison.

Il est prescrit à chaque hospitalisé valide d'être

couché et de garder le silence à partir de huit heures en hiver et de neuf heures en été. Jusque-là, ils sont autorisés à avoir des conversations à voix basse.

Les dimanches et jours fériés, le travail étant facultatif, les hospitalisés qui désirent se reposer, peuvent se rendre dans les réfectoires, où des lectures sont faites à haute voix, ainsi, du reste, que cela a lieu journellement pour les inoccupés.

Les vieillards, des deux sexes, de la 4e section, n'étant pas astreints au travail, une grande latitude leur est accordée pour le lever et le coucher.

Trois repas sont servis, chaque jour, à ces derniers :

Le premier à huit heures du matin ;

Le deuxième à midi ;

Et le troisième à cinq heures du soir.

Entre chaque repas, ceux qui ne sortent pas en permission ont la faculté de se promener dans les cours et jardins de leur section, où des jeux de boules, de quilles et de tonneaux sont mis à leur disposition. Ceux qui préfèrent rester dans les salles, peuvent lire des journaux et des livres ; ils peuvent également jouer aux cartes, aux dames ou aux dominos.

Bibliothèque

Une bibliothèque parfaitement installée existe dans la Maison.

Les livres qu'elle contient représentent à peu près tous les genres que le mouvement littéraire de l'époque a fait naître.

Ils sont distribués à tous les hospitalisés qui en font la demande ; aux uns, les malades, les vieillards et les inoccupés, d'une manière permanente ; aux autres, les travailleurs, du samedi soir au lundi matin, seulement.

Tous les hospitalisés, sauf ceux de la 1re section, peuvent acheter les journaux du jour à la cantine de l'établissement.

Service de nuit

Dès la fermeture des dortoirs, commence le service de nuit.

Tous les jours, un sous-brigadier, six surveillants et quatre surveillantes sont commandés, à tour de rôle, pour ce service : l'un des surveillants est préposé à la garde de la porte d'entrée, un autre à celle du vestibule principal, dans le bâtiment d'administration, où aboutit tout le réseau téléphonique de la Maison, et où se centralisent toutes les communications et tous les renseignements pouvant intéresser les différents services. Un troisième est placé à l'infirmerie où, avec l'aide de veilleurs, pris parmi les hospitalisés, il s'occupe exclusivement des malades et des soins à leur donner. Enfin les trois autres ont leur place à l'intérieur des bâtiments, et font, en se relevant de deux en deux heures, des rondes qui ont pour but d'éloigner les risques d'incendie, de constater le bon ordre, et de répondre à des demandes de secours faites par les prévots-hospitalisés placés dans chacun des dortoirs.

Du côté des femmes, trois suveillantes sont à poste fixe, pendant la nuit, dans les bâtiments des vieilles et des valides, et la quatrième assure le service de l'infirmerie avec l'aide de veilleuses-hospitalisées.

Le brigadier, le sous-brigadier de service, la surveillante en chef et la première surveillante ont pour mission de faire, dans le courant de la nuit, à des heures différentes, des tournées générales qui leur permettent de s'assurer de la régularité du service.

Dans chaque poste de nuit sont déposés des registres de rapports, où chaque employé est tenu de consigner ses constatations et ses observations. Grâce à ce moyen, l'administration locale s'assure, tous les matins, des faits qui peuvent l'intéresser et prend, s'il y a lieu, toutes les mesures d'ordre et de précaution indiquées par les circonstances.

L'interne en médecine de garde, toujours présent, est à la disposition de ceux qui peuvent avoir besoin de son intervention et de ses soins.

Surveillantes

Admissions prononcées par âge et par sexe pendant une année

Hommes	de 15 à 20 ans	900	5 300
	de 20 à 40 ans	1 500	
	de 40 à 60 ans	1 650	
	de 60 ans et au-dessus	1 250	
Femmes	de 15 à 20 ans	50	1 350
	de 20 à 40 ans	350	
	de 40 à 60 ans	425	
	de 60 ans et au-dessus	525	
Enfants	de 1 jour à 3 ans — sexe masculin	48	100
	de 1 jour à 3 ans — sexe féminin	52	
	Total.		6 750

Alimentation

Service de la meunerie

RÉGIE

Depuis le 1er mai 1898, la Maison départementale, à la suite de l'installation complète d'une meunerie mécanique (système Schweitzer), procède à la mouture du blé nécessaire à sa consommation.

Le poids total du blé converti, chaque année, en farine, peut être évalué à 750.000 kilogrammes environ.

L'installation de cette meunerie comprend :

Un appareil à nettoyer le blé ;

Un élévateur pour alimenter automatiquement les moulins ;

Quatre moulins ;

Une vis d'Archimède pour alimenter les tamis ;

Quatre tamis-blutoirs pour les moulins ;

Quatre trémis au-dessus des moulins ;

Un moteur à gaz (force : 15 chevaux) servant à

Meunerie

actionner la meunerie et les appareils à pétrir le pain ;

Une chambre à poussière ;

Arbres de transmissions, courroies, poulies, etc.

Ce service est assuré par un meunier-mécanicien nommé par l'administration ; il a sous ses ordres quatre aides-meuniers, pris parmi les hospitalisés de la Maison.

Ce système permet d'utiliser la farine fraîchement moulue ; de ce fait, on évite tout encombrement de marchandises.

Avec un maximum de rendement, on obtient un pain savoureux, digestif et nutritif qui ne le cède guère en blancheur, comparé au pain ordinaire.

Les moulins sont réglés de manière à fournir la quantité suffisante de farine première pour la fabrication du pain blanc, et la farine seconde nécessaire à la fabrication du pain bis-blanc.

Au moyen de ce procédé, qui assure l'emploi de toutes les parties utilisables de l'amande du blé, l'administration est complètement à l'abri de tous les agiotages qui peuvent s'opérer dans le commerce.

Les blés, livrés par un adjudicataire avec lequel un marché est passé pour une année, sont expertisés au fur et à mesure de leur arrivée par une commission composée d'un expert, nommé par M. le Préfet de Police, du directeur et de l'inspecteur de l'établissement.

Les sons et issues provenant de la mouture du blé sont vendus, à un soumissionnaire, au profit de l'administration.

Service de la boulangerie

RÉGIE

Une boulangerie très complète, attenant à la meunerie, assure entièrement le service de la panification.

Deux grands fours chauffés au charbon de terre ont été construits pour permettre de cuire tout le pain nécessaire à la population de la Maison.

Deux pétrins mécaniques servent à la fabrication de la pâte, et remplacent très avantageusement le pétrissage à bras.

Il est fabriqué régulièrement quatre sortes de pain :

1° Des pains blancs de 750 gr. distribués, chaque jour, au personnel de surveillance ;

2° Des pains blancs de 500 gr. pour les vieillards de la 4e section et les malades ;

3° Des pains bis-blancs de 750 gr. pour les valides (hommes).

4° Des pains bis-blancs de 700 gr. pour les valides (femmes).

Chaque hospitalisé reçoit, tous les matins au réveil, un pain conformément à l'indication ci-dessus.

La consommation journalière s'élève en moyenne à :

750 kilogrammes, pour le pain blanc ;

1500 kilogrammes, pour le pain bis-blanc.

Le service de la boulangerie est assuré par :

Un brigadier-boulanger chef ;

Un brigadier-boulanger ordinaire ;

Deux ouvriers boulangers chargés de la conduite des pétrins mécaniques ;

Et quatre hommes de peine, pris parmi les hospitalisés, chargés des divers travaux de manutention.

Service des cuisines

ENTREPRISE

La fourniture des vivres de cuisine, nécessaires à la consommation de la Maison, est faite, pendant une période de trois années, par un adjudicataire, aux conditions suivantes :

Désignation	Ration	Prix
Valides	Ration du régime ordinaire des 1re et 2e section.	0,18
	» ordinaire de la 3e section.	0,20
	» constamment gras	0,29
Vieillards	» de la 4e section	0,48
	» des octogénaires	0,545
Infirmerie	» de la diète	0,18
	» des potages	0,28
	» maigre	0,585
	» du 1er degré, avec vin . .	0,70
	» du 1er degré, avec lait . .	0,75
	» du 2e degré	0,80
	» lacté (le litre)	0,23

Le régime alimentaire des hospitalisés valides comprend des rations grasses et des rations maigres ; une double distinction a été faite suivant les catégories.

La 1re et la 2e section reçoivent, par semaine, deux rations grasses et cinq rations maigres.

La ration grasse se compose d'un demi-litre de bouillon servi le matin, bouillon dans lequel entrent des légumes verts, et de 125 grammes de viande de bœuf, cuite et désossée, servie le soir.

La ration maigre est composée, le matin, invariablement, d'un demi-litre de bouillon préparé avec une purée de légumes secs, des légumes verts et du saindoux par quantités bien définies et suffisant à donner à ce bouillon un goût substantiel et appétissant ; le soir, elle se compose, tantôt de haricots, de pommes de terre, tantôt de riz, de pois ou de lentilles, toujours assaisonnés conformément aux prescriptions du cahier des charges.

La 3e section reçoit trois rations grasses et quatre rations maigres par semaine.

Les aliments des 1re, 2e et 3e sections sont servis dans des gamelles à couvercles, en fer battu étamé.

Comme il n'est pas distribué de vin aux hospitalisés de ces trois sections, l'administration met à leur disposition, dans les réfectoires et ateliers, une boisson hygiénique composée avec de l'eau bouillie, des baies de genièvre, du bois de réglisse et des fleurs pectorales infusées.

Le régime de la 4e section (vieillards) comprend chaque semaine :

1° Trois rations maigres délivrées les lundi, mercredi et vendredi, composées de la manière suivante :

Le matin, cinquante centilitres de bouillon maigre et vingt-cinq centilitres de vin (les octogénaires reçoivent cinquante centilitres de vin en deux fois).

A midi, un tiers de litre de légumes secs, ou de pommes de terre apprêtées au lard, ou de riz accommodé au beurre ;

Le soir, cinquante centilitres de bouillon maigre.

2° Deux rations grasses délivrées les jeudi et dimanche, composées comme suit :

Le matin, cinquante centilitres de bouillon et vingt-cinq centilitres de café sucré (les octogénaires reçoivent, en plus, vingt-cinq centilitres de vin).

A midi, 125 grammes de viande de bœuf ou de hachis ;

Le soir, 60 grammes de fromage de gruyère, ou vingt centilitres de pommes sèches accommodées avec du vin et du sucre.

3° Deux rations du régime, dit : *1er degré avec vin*, délivrées les mardi et samedi.

Tous les quinze jours la ration maigre du vendredi est remplacée par le régime dit : *du 2e degré.*

Les régimes du 1er degré, avec vin, et du 2e degré, sont les mêmes que ceux indiqués au régime de la 5e section (infirmerie).

Les aliments des vieillards sont servis dans de la vaisselle en faïence blanche.

Cinquième section (infirmerie)

L'alimentation des malades comprend :

Le régime lacté,
— de la diète,
— des potages,
— maigre,
— du 1er degré, avec vin,

Hospitalisé (1e section)

Le régime du 1er degré, avec lait,
— du 2e degré,
— des enfants au-dessous de trois ans.

Régime lacté. — Chaque malade reçoit, par jour, un certain nombre de litres de lait, suivant les prescriptions médicales.

Régime de la diète. — Chaque malade reçoit, par jour, un litre de bouillon gras ou maigre.

Régime des potages. — Chaque malade reçoit, par jour, un litre de potage gras ou maigre avec cinquante grammes de pâtes ou vermicelle, ou trente-cinq grammes de tapioca, suivant les prescriptions des médecins, et quinze centilitres de vin.

Régime maigre. — Chaque malade reçoit, par jour :

Au premier déjeuner : vingt-cinq centilitres de lait ;

Au deuxième déjeuner : vingt-cinq centilitres de potage maigre, deux œufs sur le plat ou en omelette, quatre-vingts grammes de légumes de saison sautés au beurre, et quarante centilitres de lait ;

Au dîner : vingt-cinq centilitres de potage maigre et cent vingt grammes de légumes verts.

Régime du 1er degré, avec vin. — Chaque malade reçoit, par jour :

Au premier déjeuner : ving-cinq centilitres de lait ;

Au deuxième déjeuner : vingt-cinq centilitres de potage maigre, cinquante grammes de viande rôtie, quatre-vingts grammes de légumes verts de saison, et vingt centilitres de vin.

Au dîner : vingt-cinq centilitres de potage gras, deux œufs sur le plat on en omelette et cinquante grammes de légumes secs.

Régime du 1er degré avec lait. — Chaque malade reçoit, par jour :

Au premier déjeuner : vingt-cinq centilitres de lait ;

Au deuxième déjeuner : vingt-cinq centilitres de potage maigre, cinquante grammes de viande rôtie, quatre-vingts grammes de légumes verts et cinquante centilitres de lait ;

Au dîner : vingt-cinq centilitres de potage gras, cinquante grammes de viande rôtie ou cent vingt-cinq grammes de hachis, et cinquante grammes de légumes secs.

Régime du 2e degré. — Chaque malade reçoit, par jour :

Au premier déjeuner : vingt-cinq centilitres de potage maigre ;

Au deuxième déjeuner : trente centilitres de potage maigre, un ragoût composé de soixante-quinze grammes de viande bouillie ou de cent cinquante grammes de mouton (poids avant cuisson) accommodé avec des pommes de terre ou des haricots, cent grammes de légumes verts de saison et vingt-cinq centilitres de vin ;

Au dîner : vingt-cinq centilitres de bouillon gras, quatre-vingt-dix grammes de viande bouillie, cinquante-cinq grammes de légumes secs ou trente grammes de riz.

Le régime des enfants se compose de lait, potages gras ou maigres, œufs à la coque, sur le plat ou en omelette, viande rôtie, légumes verts et vin.

Les quantités de ces aliments sont désignées, pour chaque enfant, par le service médical.

Les nourrices et les femmes enceintes reçoivent le régime du 2e degré, sauf modifications apportées par les médecins.

Exceptionnellement, et dans la limite de 10 % de la population de la 5e section, des beefsteak, des côtelettes, des abats de volaille, de la viande crue hachée, du hachis, du poisson, des œufs, du fromage blanc, de brie ou de gruyère et des fruits cuits, peuvent, suivant prescriptions médicales, être donnés aux malades, en remplacement des plats ci-dessus mentionnés.

Le personnel du service des vivres de cuisine se compose d'un économe, représentant l'entrepreneur, d'un comptable, de dix-huit cuisiniers libres et d'un nombre variable d'hospitalisés qui s'emploient soit à aider les cuisiniers dans les distributions, soit à laver les gamelles et la vaisselle après chaque repas.

Quatre grands fourneaux sont installés dans les cuisines pour assurer les différents services.

En outre, des magasins, en sous-sol, ont été aménagés pour recevoir les approvisionnements de toutes sortes, destinés à être consommés dans l'établissement.

A côté de ces magasins, une boucherie a été installée dans d'excellentes conditions pour recevoir, chaque jour, les nombreuses fournitures de viandes destinées à l'alimentation des hospitalisés. Ces viandes, dès leur arrivée, sont examinées par l'inspecteur de l'établissement et visitées, plusieurs fois par semaines, par les inspecteurs-vétérinaires attachés à la Préfecture de Police.

La cuisine se trouvant située à l'entrée même de la Maison, il a fallu, pour desservir toutes les localités de ditributions, disséminées sur une surface considérable, recourir à des moyens de

Cuisine

transport exceptionnels. L'administration a acquis, dans ce but, trente-deux chariots montés sur roues caoutchoutées, à compartiments fermés, dans lesquels sont placés les aliments.

Aux heures des repas, ces véhicules, poussés par des auxiliaires hospitalisés, sont dirigés promptement dans toutes les localités de l'établissement. Au moyen de ce système, il est possible de conserver les vivres à une température normale.

Nomenclature des denrées fournies par la cuisine pendant une année

Denrées		Quantités
Vin rouge	Litres.	92 193
Lait	»	320 974
Œufs	Unités.	346 000
Viande	Kilogr.	142 674
Pommes de terre	»	87 355
Légumes verts	»	56 828
Légumes de saison	»	22 872
Légumes secs et riz	»	91 000
Saindoux	»	17 492
Lard	»	1 700
Beurre	»	5 935
Pommes sèches	»	4 472
Café	»	1 222
Pâtes, vermicelle, tapioca	»	5 560
Fromage de gruyère	»	3 466
Sucre cristallisé	»	1 500
Sel gris	»	20 000
Poivre	»	36
Caramel	»	540

Toutes ces denrées, ainsi que celles vendues à la *cantine*, sont soumises à l'examen du Laboratoire municipal de chimie.

Service de la Cantine

ENTREPRISE

Comme le précédent service, celui de la cantine, c'est-à-dire des vivres supplémentaires que les hospitalisés sont autorisés à acheter au moyen de leurs propres ressources, est assuré par un entrepreneur avec lequel un marché est passé, après adjudication, pour une durée de trois années, moyennant une redevance de *tant pour cent* sur le montant des ventes effectuées.

Dans ce petit établissement, tenu par une femme, représentant l'entrepreneur, à laquelle sont adjoints trois hospitalisés-cantiniers, on vend journellement tous articles d'épicerie, de charcuterie, de papeterie et mercerie, du vin et du café, aux prix des tarifs approuvés par l'administration, tarifs affichés dans tous les locaux habités par les pensionnaires de la Maison.

Trois fois par jour, les achats de vivres ou objets ont lieu sur commandes faites par l'intermédiaire des comptables-hospitalisés désignés à cet effet. La distribution est effectuée dans les réfectoires, aux heures des repas, sous le contrôle d'un surveillant chez les hommes et d'une surveillante chez les femmes.

En dehors des articles énumérés ci-dessus, l'entrepreneur est autorisé à vendre aux hospitalisés du tabac à fumer et à priser, du papier à cigarettes, des pipes et des allumettes, dans les mêmes conditions que les bureaux de tabac auxiliaires. Le prix élevé du tabac ordinaire étant souvent une cause de grandes privations pour les malheureux pensionnaires de l'établissement, l'administration a obtenu du service de la Régie l'autorisation de faire distribuer par l'entrepreneur, trois fois par mois, les 1er, 11 et 21, moyennant la somme de quinze centimes, du tabac à fumer ou à priser, dit : *tabac de cantine*, à tous les hospitalisés qui en font la demande.

Services économiques

Sous cette dénomination générale sont compris, en dehors des services *de la meunerie et de la boulangerie*, déjà décrits, les services suivants, qui incombent directement à l'administration ; ils sont assurés par ses soins exclusifs :

Le Vestiaire, qui comprend tout l'habillement de surface, c'est-à-dire pantalons, gilets, vestes ou vestons, bérets ou casquettes et galoches, en ce qui concerne les hommes ; jupons, avec ou sans corsage, caracos, fichus, cornettes et galoches, en ce qui concerne les femmes.

Les 1re et 2e sections, des deux sexes, se différencient de la 3e et de la 4e section par la coupe du costume et la nuance. Le costume des 1re et 2e sections est gris beige et celui des 3e et 4e sections est bleu foncé. Les malades placés à la 5e section (infirmerie) portent le costume de la section à laquelle ils appartiennent ;

La Lingerie, qui comprend : chemises, jupons de toile, tabliers, camisoles de toile, serviettes, torchons, musettes, bonnets de nuit, bas, chaussettes, cravates et mouchoirs, draps de lit, taies d'oreillers, linges à pansements, etc., etc.

Tous ces objets sont coupés, confectionnés et entretenus dans la Maison par la main-d'œuvre d'employés spéciaux, tels que lingères et hospitalisés, des deux sexes (tailleurs, matelassiers, couturières de profession).

Le service de la lingerie s'occupe également de la réparation des effets personnels portés par les hospitalisés à leur arrivée dans l'établissement.

Ces effets, le plus souvent en très mauvais état, sont remplacés, dans la mesure du possible, quand ils ne sont pas réparables, par des vêtements laissés par les pensionnaires de la Maison.

A cette occasion, il y a lieu de signaler la création d'un *vestiaire spécial*, fondé par M. Félix Faure, président de la République, lors de la visite qu'il a faite à la Maison départementale le 17 juin 1897, dans le but d'habiller, d'une façon correcte, les hospitalisés désirant se présenter chez des patrons pour obtenir du travail.

Ces distributions de vêtements neufs sont faites avec un soin tout particulier par le Directeur, après enquête sur la valeur des demandes qui lui sont adressées.

Pour maintenir cette institution, le *Conseil Général de la Seine* veut bien, chaque année, voter au budget de la Maison une somme de *mille francs* pour l'achat d'objets nécessaires au bon fonctionnement de ce service;

Le Magasin, placé sous la surveillance et la responsabilité du sous-brigadier, garde-magasin, comprend : la literie, matelas, paillasses, traversins de laine et de crin, oreillers, couvertures de laine, le mobilier de toutes sortes, vaisselle, poterie, brosserie, quincaillerie, les huiles et les graisses pour machines, le bois, le charbon de terre et tous articles nécessaires à l'approvisionnement des services intérieurs de la Maison;

La Buanderie, vaste local mesurant 35 mètres de longueur, sur 26 mètres de largeur; soit 910 mètres superficiels, dans lequel plus de 900.000 kilogrammes de linge, de toutes espèces, est blanchi, séché et repassé, chaque année, est également un des importants services de l'établissement.

L'installation de cette buanderie comprend :

Deux chaudières à vapeur horizontales multibulaires, à retour de flamme et à foyer amovible, d'environ trente mètres carrés de surface de chauffe chacune;

Une machine à vapeur horizontale de la force de dix chevaux, avec tous ses accessoires;

Un réservoir d'eau froide en tôle galvanisée d'une contenance de deux mètres cubes;

Buandérie

Un réservoir semblable et de même contenance pour l'eau chaude, muni d'un réchauffeur à vapeur;

Trois tonneaux laveurs-rinceurs à mouvement alternatif, à double enveloppe en laiton;

Trois essoreuses;

Une machine secoueuse à mouvement alternatif;

Un séchoir-étuve chauffé par la vapeur d'échappement du moteur;

Un séchoir supplémentaire et provisoire chauffé au moyen de poêles mobiles;

Une machine en forme de cylindre servant à sécher et à repasser les linges plats;

Un dynamo avec tous accessoires nécessaires à l'éclairage électrique de la buanderie;

Et, enfin, un immense séchoir à air libre, pour l'été, à proximité de ce service.

Le blanchissage du linge est fait de la façon suivante :

On place cent kilogrammes, environ, de linge sale dans un tonneau-laveur où pendant quelques minutes il est essangé; puis on verse successivement dans le dit tonneau de la lessive et une dissolution de savon.

La durée moyenne du barbotage varie entre vingt et trente minutes. Ensuite, le linge, complètement blanchi, n'a plus qu'à passer à l'essoreuse et à la machine-secoueuse, qui a pour effet de le détortiller. Au sortir de cette machine, le linge presque asséché d'eau est porté, soit dans les séchoirs, soit à la machine à repasser; puis, de là, à la table des plieurs, qui le visitent pour s'assurer qu'il est parfaitement propre et n'a pas besoin de réparations, le plient, le disposent en paquets et le livrent prêt à être remis en service.

Avec ce système, en une heure et demie, deux heures au plus, le linge apporté sale à la buanderie peut être lavé, séché, repassé, plié, empaqueté et renvoyé à la lingerie.

Ce service est assuré par :

Un mécanicien, nommé par l'administration;

Un buandier, —

Un chauffeur, hospitalisé;

Deux laveurs, —

Trois essoreurs, —

Cinq sécheurs, —

Trois plieurs, —

Trois manœuvres, —

Indépendamment des services qui viennent d'être énumérés, l'administration pourvoit encore à l'entretien général de son mobilier, de ses terrains de culture, de ses chemins de communications, de ses canalisations de toutes natures (eau et gaz), du bâtiment : menuiserie, serrurerie, peinture et vitrerie.

Elle dispose, à cet effet, d'un certain nombre

d'hospitalisés appelés : *auxiliaires* qui, moyennant un salaire mensuel, sont appliqués à ces différents travaux.

On peut donc dire, avec raison, que l'établissement se suffit à lui-même, et que, pour accomplir une tâche si étendue et si variée, il n'a besoin que de matières premières achetées par voie d'adjudication.

Travaux industriels

RÉGIE

En dehors des travaux dits : « d'économie générale » exécutés pour le compte de l'administration par une certaine quantité d'hospitalisés valides, il a fallu songer à occuper les pensionnaires relativement valides de l'établissement, dont le nombre peut être évalué à 1 200 environ, dans le but de leur créer un pécule à leur sortie, par un travail en rapport avec leurs aptitudes et leurs forces physiques.

A cet effet, un service de *régie des travaux industriels* a été organisé à la Maison de Nanterre.

Le personnel nécessaire à son bon fonctionnement est ainsi composé :

Un agent des travaux chargé de la partie technique industrielle et un sous-agent des travaux, placés tous deux sous le contrôle immédiat de l'inspecteur de la Maison ;

Un comptable général et deux sous-comptables hospitalisés ;

Deux comptables-expéditionnaires hospitalisés

et divers auxiliaires ayant titre de contre-maître ou contre-maîtresse, chargés de la distribution, de la réception et de la vérification du travail dans les ateliers.

L'agent des travaux a pour mission principale de rechercher des industries en quantité suffisante, de manière à éviter le chômage des hospitalisés valides ; avec le concours du sous-agent des travaux, il centralise les écritures de tous les ateliers, au point de vue des productions quotidiennes et mensuelles ; il assure les approvisionnements de marchandises, distribue les pécules disponibles, et, de ce fait, il est l'intermédiaire naturel entre les fabricants et l'administration locale.

Pour faciliter à ces fabricants l'exploitation de leurs industries, de très grands ateliers, bien chauffés, bien éclairés et parfaitement aérés, avec sous-sols pour magasins, ont été mis à leur disposition.

Tous les travaux sont réglés sur des tarifs étudiés par l'inspecteur et présentés par le directeur, à l'approbation du Préfet de Police.

Les salaires qu'ils produisent sont encaissés directement par l'agent des travaux qui en fait, chaque mois, le versement au régisseur-comptable de la Maison. Les sommes reçues par ce dernier sont ensuite déposées, par lui, à la caisse de la Préfecture de Police.

Les travailleurs hospitalisés de toutes les catégories supportent, sur leur production journalière, une retenue de 50 % au profit du département.

La part qui leur est allouée, c'est-à-dire les 50 % restant, est partagée par moitié et inscrite sur un livret individuel de pécule, qui forme, pour eux, un compte courant, Ils peuvent disposer de la moité de cette part; mais il est fait réserve du reste en vue de leur sortie définitive.

Exemple :

Si un hospitalisé a gagné un franc; cinquante centimes sont prélevés pour être versés au profit du département, vingt-cinq centimes lui sont remis à la main et les autres vingt-cinq centimes viennent s'ajouter à son pécule de réserve qui lui est donné le jour de sa sortie de l'établissement.

La production moyenne des travaux industriels peut être évaluée annuellement à 120000 francs environ.

Quant au salaire d'un hospitalisé, il est en moyenne de 0 fr. 50 par jour.

LES INDUSTRIES ACTUELLEMENT EXPLOITÉES DANS L'ÉTABLISSEMENT SONT LES SUIVANTES

HOMMES

Papeterie

Cette industrie a été installée dans l'établissement par la maison Hachette et Cie, de Paris. Elle comprend : la réglure du papier au moyen de machines actionnées par les hospitalisés, la confection des cahiers et corrigés pour les écoles, des agendas, des cartons à dessins et des registres ; l'impression des bons points, des couvertures de cahiers et des cartes, l'empaquetage, le découpage et le pliage des patrons pour journaux de mode, le triage des rognures de papier, etc., etc.

Ces travaux, qui ne demandent pas de connaissances spéciales, sont exécutés, de préférence, par les hospitalisés des 1re et 2e sections, choisis parmi les plus jeunes et les plus intelligents.

Nombre d'hospitalisés occupés 165

Chaînes

Dans cet atelier on confectionne des chaînes de tous les genres pour jalousies, colliers de chien, gants à décortiquer, gourmettes, cottes de mailles, articles pour illuminations, etc.

Bien que ce travail soit facile à exécuter, on prend plutôt, pour cette industrie, les hospitalisés des 1re et 2e sections ayant déjà travaillé les métaux au dehors.

Nombre d'hospitalisés occupés 60

Bûches

Allume-feu — fagots et margotins. — Confection des boîtes en papier et remplissage.

A ce travail, qui est d'une grande simplicité, sont occupés les hospitalisés âgés et sans profession des 1re et 2e sections.

Nombre d'hospitalisés occupés 45

Atelier (hommes)

Chaussons

Confection des chaussons de lisière et de tresse. — Cette industrie, pour laquelle un apprentissage de quinze jours, environ, est nécessaire, a été installée dans les ateliers des 1re et 2e sections, le recrutement d'ouvriers spéciaux étant plus certain parmi les individus déjà habitués à ce genre de travail qu'ils ont fait ou vu faire dans les Maisons pénitentiaires.

Nombre d'hospitalisés occupés 35

Sacs

Confection et ravaudage des sacs. — Ce travail consiste à repriser, à mettre des pièces où à rallonger de vieux sacs ayant contenu des graines, des blés, des farines, des cafés, etc.

Ces sacs, ainsi transformés et réparés par des hospitalisés, peu valides, des 1re, 2e et 3e sections, servent ensuite, dans le commerce, à transporter le charbon de terre ou le plâtre.

Nombre d'hospitalisés occupés. 140

Poils

Coupage de rognures de peaux de lapins. — Ce travail, qui ne demande pas d'aptitudes spéciales, est confié à tous les vieux hospitalisés des 1re et 2e sections ne pouvant que travailler assis.

Il consiste à séparer, à l'aide de ciseaux, le poil de la peau qui a été tannée et désinfectée avant l'opération.

Ces poils sont employés, ensuite, pour la chapellerie.

Nombre d'hospitalisés occupés. 100

Ebarbage

De pièces en cuivre pour suspensions. — Dans cet atelier, divisé en deux parties, l'une aux 1re et 2e sections et l'autre à la 3e section, sont employés, plus spécialement, les hommes sachant un peu manier la lime.

Nombre d'hospitalisés occupés 20

Jonc

Les hospitalisés de la 3e section pouvant travailler debout, sont occupés, dans cet atelier, à tresser le jonc pour servir ensuite à la confection des paillassons, tapis, etc.

Nombre d'hospitalisés occupés 30

Plumes

Travail très facile exécuté par de vieux hospitalisés des 1re, 2e et 3e sections ne pouvant pas rester longtemps debout.

Chaque ouvrier devant lequel est placé un mélange de plumes de volailles, faisans, oiseaux, etc., doit faire le triage, par genre et espèce, de toutes ces plumes qui sont ensuite livrées à l'industrie pour la confection des articles de mode, parures, boas, etc.

Nombre d'hospitalisés occupés 150

Chiffons

Ce travail, auquel sont employés tous les hospitalisés âgés de la 3ᵉ section, consiste à séparer, à l'aide de ciseaux, les corps cotonneux des vieilles étoffes de drap, de mérinos, de flanelle, etc.

Nombre d'hospitalisés occupés 120

Articles de fil de fer

Cette industrie comprend la confection des paniers à bouteilles et à salade, la garniture des paniers d'osier, des courroies, des poignées de sacs de voyage, de porte-fers, de nids d'oiseaux, découpage de pièces métalliques, etc.

Tous ces articles étant d'une grande facilité à exécuter, les hospitalisés un peu valides de la 3ᵉ section sont placés dans cet atelier.

Nombre d'hospitalisés occupés. 130

Tailleurs

Les rares hospitalisés des 1re, 2e et 3e sections pouvant exercer la profession de tailleur sont employés à la confection des vêtements hospitalisés et des uniformes des surveillants des Maisons de Nanterre et de Villers-Cotterets.

Nombre d'hospitalisés occupés 25

Cordonniers

L'industrie de la cordonnerie nécessitant, de la part des ouvriers, une aptitude spéciale, ces derniers sont recrutés parmi les hospitalisés des trois sections ayant exercé cette profession au dehors.

On confectionne dans les ateliers de la grosse chaussure pour l'exportation et des souliers pour les pensionnaires infirmes de l'établissement.

Nombre d'hospitalisés occupés 20

Les professionnels de toutes sortes ne formant, dans la Maison, qu'une infime minorité, on s'explique les effectifs restreints de ces deux dernières industries spéciales.

FEMMES

Couture

Deux ateliers : un dans le quartier des 1re et 2e sections, un dans le quartier de la 3e section.

Confection d'objets de lingerie pour quelques maisons de Paris, mais plus spécialement de ceux nécessaires à l'habillement et au couchage des hospitalisés, des deux sexes, de la Maison. Raccommodage et ravaudage des objets détériorés.

Nombre d'hospitalisées occupées 120

Sacs

Deux ateliers : un dans le quartier des 1re et 2e sections, un dans le quartier de la 3e section.

Même travail que celui désigné plus haut pour l'atelier des hommes.

A ce travail ne sont occupées que les femmes incapables d'être utilisées à la couture.

Nombre d'hospitalisées occupées 140

Infirmerie

CHIRURGIE — MÉDECINE — PHARMACIE

Cet important service, dans lequel près de six cents lits sont constamment occupés par des hospitalisés malades, est assuré et placé sous la responsabilité des praticiens suivants :

Le chirurgien R..., dont le service est établi au rez-de-chaussée de l'immense bâtiment déjà décrit. Une installation toute spéciale a été faite, en vue des accouchements, dans les dépendances de la salle de chirurgie (femmes) ;

Le docteur L..., dont le service occupe le premier étage ;

Le docteur S..., qui a son service placé au second étage ;

Et *le pharmacien B...*, qui exerce un contrôle et une surveillance générale sur toutes les prescriptions médicales exécutées par ses internes ; il prévoit et commande également tous les produits nécessaires au bon fonctionnement de la pharmacie et de la tisanerie, produits fournis, au prix du tarif, par la Pharmacie Centrale des Hôpitaux de Paris.

Le service de la pharmacie est situé au rez-de-chaussée du bâtiment de l'infirmerie, à proximité de l'escalier central, de manière à pouvoir répondre rapidement à toutes les exigences et à tous les besoins.

Tous les matins, chaque médecin, accompagné de ses internes et d'un interne en pharmacie, examine, d'abord, les arrivants de la veille, placés en observation dans une salle spéciale. Il les fait mettre ensuite, selon les affections dont ils sont atteints, dans les nombreuses salles à huit lits chacune qui composent son service; puis après, il passe la visite de tous ses malades.

Lorsqu'un décès se produit, le cadavre est transporté, tout d'abord, dans le dépôt provisoire situé dans l'infirmerie, et quelques heures après dans le bâtiment de la morgue, où tous les cadavres sont réunis jusqu'au moment de leur inhumation qui se fait dans le cimetière de l'établissement au moyen d'un corbillard appartenant à l'administration, par les soins des employés et des hospitalisés désignés à cet effet.

L'autopsie des corps n'est faite, par les médecins, que s'il n'y a pas opposition de la part des familles.

Bâtiment de l'Infirmerie

Pour une année, la moyenne des entrées à l'infirmerie est de	5 300
Celle des sorties est de.	5 250
Le nombre des journées de présence est de . .	194 000
Et la moyenne de ces journées est de	540
Il est fait environ 200 opérations chirurgicales diverses, et 100 accouchements.	
Le nombre des décès s'élève à	800
pour une population moyenne de	3 100

Le nombre des décès qui, de prime abord, paraît considérable, étant donné le chiffre de la population, s'explique facilement, si l'on considère que la plus grande partie de cette population n'est composée que d'individus âgés ou affaiblis et souvent atteints de maladies chroniques arrivées à leur dernière période.

CONSULTATIONS

Tous les jours, à une heure et demie de l'après-midi, sont réunis, dans une salle dite de *consultations*, située au rez-de-chaussée de l'infirmerie, les hospitalisés qui désirent voir le médecin.

L'interne de garde, préposé à cet effet, examine chaque personne, à tour de rôle, prescrit, aux uns, leur envoi immédiat à l'infirmerie, quand le cas est jugé nécessaire, et aux autres, des médicaments simples, pansements, etc., quand il ne s'agit que d'une indisposition.

Les médecins donnent gratuitement leurs soins aux employés de la Maison et à leurs familles.

Il en est de même des médicaments qui sont délivrés par la pharmacie sur ordonnance médicale.

CRÈCHE

Ce service, rattaché à la 5e section, est placé sous la surveillance directe des médecins. Il occupe une des salles du rez-de-chaussée du 8e bâtiment (côté des femmes). Dans cette salle sont disposés quarante lits pour les nourrices et quarante-deux berceaux pour les enfants âgés de moins de trois ans.

Ces lits et berceaux sont toujours occupés et souvent insuffisants pour donner satisfaction aux demandes d'admission qui sont faites par cette catégorie d'hospitalisées comprenant quelques mendiantes libérées, un grand nombre de filles-mères et des femmes laissées sans aucunes ressources par leurs maris.

Dans la journée, les mères sont occupées aux ateliers de couture placés dans le même bâtiment

Crèche

que la crèche. Toutes les deux heures, elles viennent, conformément aux prescriptions des médecins, donner le sein à leurs enfants, et, pendant leur absence, la garde de ces enfants est confiée aux soins d'une surveillante très expérimentée et d'auxiliaires hospitalisées.

Dès qu'une nourrice ou qu'un enfant est malade, ils sont dirigés, de suite, sur l'infirmerie et placés soit en salle commune, soit en chambre d'isolement, selon l'affection dont ils sont atteints.

VACCINATION

Le premier mardi de chaque mois, les délégués de l'Institut de vaccination de Paris se rendent à la Maison de Nanterre pour procéder à la vaccination des employés, de leurs familles et des hospitalisés entrés dans l'établissement au cours du mois précédent.

Téléphone et horloges

Téléphone. — Pour relier tous les services dans un établissement dont la superficie est aussi grande, il a fallu créer des communications à la fois rapides et faciles.

A cet effet, un réseau téléphonique, ayant son tableau central dans le vestibule du bâtiment d'administration, a été construit, et il faut dire que, grâce à son fonctionnement régulier, une surveillance incessante peut être exercée sur tous les points en même temps.

Depuis quelques années, la Maison de Nanterre est reliée directement avec la Préfecture de Police par un fil téléphonique spécial.

Horloges. — De même, pour l'uniformité et la régularité des mouvements divers, des distributions de vivres ou d'effets, des visites aux malades, etc., il était indispensable d'avoir l'heure toujours présente aux yeux. Des horloges et des pendules réglées par l'électricité ont été placées, non seulement dans chaque bâtiment, mais encore dans chaque local habité.

Ascenseurs et monte-charges

Ascenseurs. — Deux ascenseurs à pression hydraulique ont été construits aux deux extrémités de l'infirmerie, pour les transports des vivres, des linges, et au besoin des malades incapables de se mouvoir.

Monte-charges. — Deux monte-charges ont été construits, aussi, dans les deux morgues, un semblable dans la lingerie, deux dans les cuisines et un autre dans la meunerie-boulangerie, en tout huit appareils pour les quartiers départementaux seulement.

Secours contre l'incendie

Il a été établi, dans l'établissement, deux postes de secours contre l'incendie, dans lesquels se trouve placée une pompe à bras, munie de tous ses accessoires. L'une de ces pompes, prête à fonctionner, se trouve dans le bâtiment de la lingerie, et l'autre à proximité de l'infirmerie.

De nombreuses bouches d'eau ont été disposées dans tous les endroits avoisinant les bâtiments et sur lesquelles peuvent s'adapter instantanément les tuyaux des pompes.

En cas d'alerte, à l'aide de ces appareils, on peut donc combattre un commencement d'incendie en attendant, si le cas est jugé nécessaire, le concours des pompes à vapeur de Paris, qu'il est facile de réclamer au moyen du téléphone établi entre la Maison et la Préfecture de Police.

Le personnel de surveillance est astreint, deux fois par semaine, à faire, dans l'établissement, des manœuvres de pompes, sous le commandement d'un chef expérimenté choisi par l'administration parmi les employés de la Maison.

Tous les ans, en avril et en octobre, une délégation des sapeurs-pompiers de Paris est envoyée à la Maison départementale pour faire l'inspection du matériel d'incendie et des bouches d'eau à utiliser en cas de besoin.

Etuve de désinfection

Une étuve de désinfection à vapeur sous pression, système Geneste et Herscher, est installée dans un local isolé approprié à cet usage.

Dans cette étuve, qui fonctionne chaque jour, passent les vêtements déposés par les hospitalisés lors de leur admission, les literies, couvertures et objets de toute nature en service ou provenant des décédés et de malades atteints d'affections contagieuses.

En ce qui concerne les linges habituels des gâteux, comme il ne serait pas possible de les soumettre, alors qu'ils sont souillés, à une température élevée qui aurait pour effet d'imprimer les taches dans les tissus mêmes, ils sont envoyés directement à la buanderie pour y subir, dans des récipients, *ad hoc*, la désinfection naturelle.

Vidanges et utilisation des eaux d'égout

Les cabinets d'aisances sont à effet d'eau et ont été appropriés pour canaliser, à l'aide de réservoirs de chasse, toutes les matières de vidange et les réunir dans un égout collecteur, qui reçoit également les eaux pluviales et toutes les eaux ménagères de la Maison.

Ces matières et ces eaux sont amenées dans un puisard profond situé en dehors de l'établissement, dans les dépendances de l'usine de chauffage et de ventilation. Au-dessus de ce puisard est posée une machine élévatoire qui renvoie les eaux dans un terrain sablonneux attenant à la Maison, où a lieu leur épandage.

Du fait de ces installations, on peut donc affirmer que le système du *Tout à l'égout* est appliqué d'une façon absolument complète à la Maison de Nanterre.

Champ d'épandage

Ce terrain primitivement aride, qui tient à la Maison, côté ouest, est devenu, à la suite de fréquentes irrigations, un jardin potager et fruitier parfaitement aménagé dans lequel sont récoltés, par les soins du service d'assainissement du département de la Seine, les légumes, en partie, nécessaires à l'alimentation des hospitalisés ; ceux qui ne sont pas utilisés par l'entrepreneur des vivres de cuisine, sont vendus, ainsi que les fruits, à des marchands qui les dirigent sur les halles de Paris.

Ce service est placé sous la direction d'un jardinier nommé par l'administration ; il est logé dans un pavillon construit sur le terrain même d'épandage.

Quinze hospitalisés, placés sous le contrôle d'un surveillant, sont envoyés chaque jour dans ce champ pour y faire, moyennant salaire, les travaux de jardinage.

Chauffage et ventilation

Une usine, dite : de chauffage et de ventilation, a été construite, hors de l'enceinte de la Maison,

Champ d'épandage

dans la direction nord, par la Maison Geneste, Herscher et Cie.

Cette usine présente, à l'intérieur, des proportions colossales, et a, en outre, un immense développement de canalisation qu'il faut suivre dans les substructions de l'établissement pour s'en faire une juste idée.

L'installation générale a été faite en vue d'un chauffage d'hiver et d'une ventilation fonctionnant, jour et nuit, en toute saison.

Huit chaudières multi-tubulaires inexplosibles sont destinées à produire la vapeur distribuant la chaleur dans toutes les localités habitées.

De nombreuses machines, pompes, etc., sont également installées en vue d'assurer régulièrement le service de la ventilation, l'épandage des eaux d'égout, la distribution de l'eau du puits dans les services et la *stérilisation de l'eau de Seine* servant à l'alimentation des hospitalisés et du personnel de la Maison.

Service des eaux

Dès qu'elle a traversé les compteurs installés dans les bâtiments de la porte d'entrée, l'eau pénètre dans l'établissement par trois conduites principales branchées sur une colonne d'amène qui longe la façade de la Maison. Elle est prise en Seine par les machines élévatoires d'une compagnie ayant son siège à Suresnes.

Pour enlever à cette eau son impureté, on la fait passer, avant toute distribution, dans des filtres, système Buron, au nombre de six placés dans les bâtiments de la porte d'entrée. Des réservoirs installés dans les greniers de tous les bâtiments l'emmagasinent, d'abord, et la renvoient ensuite dans chaque service.

Une nappe d'eau souterraine, découverte dans l'usine même, et captée à une profondeur de seize mètres, est utilisée pour tous les lavages et nettoyages des bâtiments, arrosage des cours, jardins, etc.

Dans le cas où, pour une raison quelconque, l'eau de Seine viendrait à faire défaut, la canalisation intérieure est établie de façon à remplacer instantanément cette eau par celle du puits.

Eclairage

Tous les locaux de l'établissement sont éclairés au gaz.

Le gaz est fabriqué par l'usine de Rueil.

Après avoir passé par quatre compteurs, l'un de 800 becs et les trois autres de 500 becs, placés dans le sous-sol du bâtiment de la porte d'entrée, côté droit, il pénètre ensuite dans toutes les canalisations intérieures dont le développement peut être évalué à 30000 mètres de longueur, et où il alimente :

35 fourneaux ou appareils installés dans les infirmeries, les salles de vieillards, de nourrices et les divers ateliers qui en font usage ;

500 becs paniers ; et plus de 1200 becs ordinaires. La consommation annuelle du gaz est de 320000 mètres cubes.

Chevaux et voitures

Cinq chevaux, fournis par un entrepreneur, avec lequel un marché est passé pour une période de trois années, assurent la traction des quatre voitures appartenant à l'administration.

Ces voitures sont les suivantes :

1° Un omnibus attelé de deux chevaux qui conduit, chaque jour, aux écoles de Nanterre, éloignées de quatre kilomètres de la Maison, les enfants, des deux sexes, du personnel, dont le nombre s'élève actuellement à cinquante environ. Ces enfants sont placés, dans la voiture, sous la garde d'un surveillant, à l'aller et au retour;

2° Un omnibus également attelé de deux chevaux, servant au transport journalier des hospitalisés, de Paris à Nanterre, et au transfèrement, à l'hôpital spécial, des enfants recueillis ou abandonnés déposés provisoirement au Dépôt, près la Préfecture de Police;

3° Un corbillard pour le service des inhumations des hospitalisés dans le cimetière de l'établissement;

4. Un coupé réservé aux besoins de la direction.

Conclusions

Cette vaste Maison, dont les nombreux services viennent d'être décrits d'une façon aussi complète que possible, peut être considérée, en raison de toutes ses catégories différentes et de son organisation, comme le seul et unique établissement de ce genre.

On constate, en effet, qu'elle est, non seulement, dépôt de mendicité, mais aussi, refuge pour les malheureux, asile pour les vieillards, et, enfin, hôpital.

Cette énumération suffit à faire comprendre

combien sont grands les services que cette Maison peut rendre à tous ces indigents, poussés, souvent par la misère, à commettre des actes ou des délits, qui en font, alors, les hôtes habituels des prisons.

Ses fondateurs et administrateurs peuvent démontrer, aujourd'hui, les avantages de cette œuvre humanitaire, qui offre, aux uns, les mendiants ou vagabonds, un abri qu'une condamnation nouvelle pouvait, seule, leur fournir précédemment, et aux autres, les déshérités de la vie, tombés dans le malheur par suite de chômages ou de maladies, un refuge, d'où, au bout d'un certain temps, ils peuvent sortir pour chercher à se créer à nouveau, dans la société, une situation en rapport avec leurs aptitudes.

Quant aux vieillards, quels que soient leurs antécédents, tous sont ici confondus, mis au même rang, pour recevoir cette assistance due à la vieillesse, devant laquelle tout s'efface, tout s'écarte, pour ne laisser place qu'au pardon, à la pitié et au respect.

Nanterre, le 15 janvier 1900.

V. Moulinet.

Budget de la

RECETTES

Produit des travaux exécutés par les hospitalisés	100 000
Produit de l'exploitation de la cantine	5 000
Produit de la vente des sons, issues et divers.	20 000
Part de l'éclairage à la charge des confectionnaires et de divers employés	4 000
Versements volontaires à la masse des hospitalisés.	6 000
Pécule disponible des décédés	800
Recettes diverses	300
Redevance annuelle due par l'entrepreneur du chauffage et de la ventilation pour le logement de ses ouvriers	800
Subvention de l'Etat pour l'entretien des détenues du quartier cellulaire de la Maison de Nanterre	60 000
Remboursement par l'Etat du prix du pain distribué aux agents de surveillance du quartier cellulaire	1 500
Remboursement par divers médecins de la maison, du montant intégral des frais d'abonnement au réseau téléphonique de Paris.	1 600
Total des recettes	200 000

Moyenne générale de la dépense

Maison de Nanterre

DÉPENSES

Personnel administratif et de surveillance		
Traitements	135 000	173 000
Indemnités et accessoires	38 000	
Dépenses personnels aux hospitalisés		
Nourriture	675 000	766 000
Habillement	30 000	
Linge	23 000	
Chaussures	13 000	
Blanchissage	25 000	
Matériel		
Chauffage.	85 000	261 000
Eclairage	46 000	
Mobilier	15 000	
Coucher	30 000	
Infirmerie.	80 000	
Bibliothèque	1 000	
Registres, imprimés et frais de bureau	4 000	
Bâtiment		
Fourniture d'eau et entretien des filtres . . .	19 000	59 000
Stérilisation de l'eau d'alimentation.	7 500	
Abonnement annuel au réseau téléphonique .	1 000	
Menus travaux de réparation, entretien, etc.	10 500	
Champ d'épandage	4 000	
Salaires des hospitalisés employés comme auxiliaires	17 000	
Dépenses diverses		
Remboursement sur le produit du travail des hospitalisés.	50 000	91 000
Travaux industriels en régie	16 000	
Frais d'inhumation et location des chevaux .	10 000	
Menus frais et dépenses imprévues	15 000	
TOTAL DES DÉPENSES . .		1 350 000

journalière par hospitalisé : 1 fr. 03

TABLE DES MATIÈRES

Pages.

Admissions prononcées par âge et par sexe 29
Alimentation 30
Ascenseurs 66
Bibliothèque 24
Boulangerie 32
Buanderie 46
Budget 76
Cantine 42
Catégories administratives 16
Champ d'épandage 70
Chauffage et ventilation 70
Chevaux et voitures 73
Composition du personnel 11
Conclusions 74
Consultations 63
Crèche 64
Cuisines 33
Denrées fournies par la cuisine 41
Description générale des bâtiments 6
Désinfection 68
Éclairage 72
Emploi du temps 21
Entrées et admissions 18
Fondation 5
Horloges 66
Industries exploitées dans l'établissement 55
Infirmerie — chirurgie — médecine — pharmacie 61
Lingerie 44
Magasin 46

Pages

Meunerie 30
Monte-charges. 67
Mouvement de la population 28
Mouvement général des entrées et des sorties 28
Moyenne générale de la dépense journalière par hospitalisé. . 76
Organisation et fonctionnement des divers services 11
Permissions. 19
Plan de la maison. 3
Régimes des 1re, 2e et 3e sections — valides 34
Régimes de la 4e section — vieillards 35
Régimes de la 5e section — infirmerie 36
Répartition des places occupées 27
Secours contre l'incendie 67
Service des auxiliaires 15
Service des eaux 71
Services économiques 44
Service de nuit 25
Sorties définitives. 20
Téléphone 66
Travaux industriels et Régie 50
Vaccination. 65
Vestiaire. 44
Vestiaire spécial 45
Vidanges et utilisation des eaux d'égout. 69
Visites 20

SAINT-AMAND (CHER). — IMP. SCIENTIFIQUE ET LITTÉRAIRE, BUSSIÈRE

www.ingramcontent.com/pod-product-compliance
Ingram Content Group UK Ltd.
Pitfield, Milton Keynes, MK11 3LW, UK
UKHW012050240726
13965UKWH00003B/1193